Coleção Eu gosto m@is

Língua Espanhola

Maria Cristina G. Pacheco
Pesquisadora, licenciada em pedagogia e artes plásticas; docente de língua inglesa e de língua espanhola em diversas instituições de ensino em São Paulo; autora de livros didáticos e paradidáticos em línguas estrangeiras.

María R. de Paula González
Docente em língua inglesa e espanhola; coordenadora em vários cursos de idiomas em São Paulo.

5º ano
Ensino Fundamental

IBEP

3ª edição
São Paulo
2015

Coleção Eu gosto m@is
Língua Espanhola 5º ano.
© IBEP, 2015

Diretor superintendente	Jorge Yunes
Diretora editorial	Célia de Assis
Gerente editorial	Maria Rocha Rodrigues
Coordenadora editorial	Simone Silva
Assessoria pedagógica	Valdeci Loch
Analista de conteúdo	Cristiane Guiné
Editor	Ricardo Soares
Assistentes editoriais	Andrea Medeiros, Juliana Gardusi, Helcio Hirao
Coordenadora de revisão	Helô Beraldo
Revisão	Beatriz Hrycylo, Cássio Dias Pelin, Fausto Alves Barreira Filho, Luiz Gustavo Bazana, Rosani Andreani, Salvine Maciel, Thiago Dias, Luana Renata Pinheiro Dias
Secretaria editorial e Produção gráfica	Fredson Sampaio
Assistentes de secretaria editorial	Carla Marques, Karyna Sacristan, Mayara Silva
Assistentes de produção gráfica	Ary Lopes, Eliane Monteiro, Elaine Nunes
Coordenadora de arte	Karina Monteiro
Assistentes de arte	Aline Benitez, Gustavo Prado Ramos, Marilia Vilela, Thaynara Macário
Coordenadora de iconografia	Neuza Faccin
Assistentes de iconografia	Bruna Ishihara, Camila Marques, Victoria Lopes, Wilson de Castilho
Ilustração	Lie Kobayashi, Ivan Coutinho
Processos editoriais e tecnologia	Elza Mizue Hata Fujihara
Projeto gráfico e capa	Departamento de Arte - IBEP
Ilustração da capa	Manifesto Game Studio
Diagramação	SG-Amarante Editorial

CIP-BRASIL. CATALOGAÇÃO-NA-FONTE
SINDICATO NACIONAL DOS EDITORES DE LIVROS, RJ

G624L
3. ed.

   González, María R. de Paula
       Língua espanhola, 5º ano : ensino fundamental / María R. de Paula González. – 3. ed. – São Paulo : IBEP, 2015.
       il. ; 28 cm.   (Eu gosto mais)

   ISBN 9788534244114 (aluno) / 9788534244121 (mestre)

   1. Língua espanhola (Ensino fundamental) – Estudo e ensino. I. Título. II. Série.

15-21637   CDD: 372.6561
                  CDU: 373.3.016=134.2

06/04/2015   10/04/2015

Impressão e Acabamento
Oceano Indústria Gráfica e Editora Ltda
Rua Osasco, 644 - Rod. Anhanguera, Km 33
CEP 07753-040 - Cajamar - SP
CNPJ: 67.795.906/0001-10

3ª edição – São Paulo – 2015
Todos os direitos reservados

IBEP
Av. Alexandre Mackenzie, 619 – Jaguaré
São Paulo – SP – 05322-000 – Brasil – Tel.: (11) 2799-7799
www.editoraibep.com.br   editoras@ibep-nacional.com.br

APRESENTAÇÃO

Bem-vindos!

Como autoras da Coleção **Eu gosto m@is – Língua Espanhola**, esperamos que alunos, pais e professores possam desfrutá-la desde a primeira aula.

Brincando e aprendendo, desenhando e pintando, lendo, ouvindo, falando e escrevendo, vamos aprender espanhol.

Aprenderemos este idioma para melhorar nossa comunicação, para ampliar nosso conhecimento e ser, a cada dia, cidadãos mais integrados no mundo.

AS AUTORAS

ÍNDICE DE CONTENIDOS

| LECCIÓN | PÁGINA |

1 **La lluvia** — 6
(A chuva)
- Contenido lingüístico: hablar de fenómenos metereológicos y de los paisajes.
- Contenido gramatical: adjetivos descriptivos; antónimos.

2 **El abuelo** — 18
(O avô)
- Contenido lingüístico: hablar de la familia; descripciones; expresiones populares.
- Contenido gramatical: verbo reflexivo fijarse; verbo investigar.

Revisión — 26
(Revisão)

3 **¿En qué andas?** — 28
(De que você anda?)
- Contenido lingüístico: los medios de transporte.
- Contenido gramatical: pretérito imperfecto.

4 **¿Qué hiciste en tu vida?** — 38
(O que você fez na sua vida?)
- Contenido lingüístico: contar pequeñas historias, fábulas.
- Contenido gramatical: pretérito indefinido; pronombres relativos variables e invariables.

Revisión — 48
(Revisão)

LECCIÓN		PÁGINA
5	**Lo tengo en la punta de la lengua** (Está na ponta da minha língua) • Contenido lingüístico: describir el cuerpo humano. • Contenido gramatical: verbo reflexivo quemarse; verbo asomar.	50
6	**La casa de los espíritus** (A casa dos espíritos) • Contenido lingüístico: hablar de los alimentos: carnes, pescados, frutas, legumbres y verduras. • Contenido gramatical: verbo gustar.	58
	Revisión (Revisão)	68
7	**Al caballo regalado no se le miran los dientes** (Cavalo dado não se olham os dentes) • Contenido lingüístico: los refranes populares. • Contenido gramatical: adjetivos y pronombres posesivos.	72
8	**¡Los molinos de viento!** (Os moinhos de vento!) • Contenido lingüístico: conocer un poco sobre Don Quijote de la Mancha. • Contenido gramatical: las interjecciones.	82
	Revisión (Revisão)	91
	Glosario (Glossário)	94
	Actividades complementarias (Atividades complementares)	97

LECCIÓN 1

La lluvia
(A chuva)

Escucha y lee.
(Escute e leia.)

La lluvia

Ver llover en aquella **chacra**, era algo que causaba placer.
Hasta aquel día no había sentido la emoción de la lluvia.
A mi hermana le gustaba mucho jugar a las casitas.
Era una vivienda como la de los indios.
El agua vino **despacio**. La sentimos llegar. La vimos venir, **borrando cerros** […]. Las gallinas corrían apresuradas […].
Lejanos cantos de **aguateros** y alborozados gritos de **teru-terus** confirmaron la presencia lejana de la lluvia. Unos **horneros** vinieron hasta nosotros. Los vimos volar y luego detenerse en la **horqueta** de un árbol. Habían elegido **hogar**. Cuando llegaron las primeras gotas, picotearon la tierra […].
De tarde mi hermana volvió a la casita. Quería pasar la tarde con las niñas de la chacra **jugando a las abuelas**. […] y me pedía a mí que me portara mal así podía decir **a cada rato** que los hijos daban mucho trabajo. […]
Aquella tarde fue una de las más felices de mi vida.

Juan José Morosoli, *Perico*. Ediciones de la Banda Oriental, Montevideo.

VOCABULARIO

aguateros: maçaricos-reais (pássaro).
chacra: chácara, sítio.
despacio: devagar.
hogar: lar.
horneros: joões-de-barro (pássaro).
horqueta: forquilha.
lejanos: distantes, longínquos.
teru-terus: quero-queros (pássaro).

Vamos a conocer algunas expresiones.
(Vamos conhecer algumas expressões.)

A cada rato = *a cada momento, vez ou outra.*
Borrando cerros = *apagando morros, neblina.*
Jugando a las abuelas = *brincando de imitar as avós.*

ACTIVIDADES

1 Completa las frases del texto.
(Complete as frases do texto.)

> la chacra   los horneros   la lluvia   el árbol

a) A mí me gustaba ver caer _____.

b) Los pájaros eligieron su hogar en _____.

c) Mi hermana quería pasar las tardes en _____.

d) _____ vinieron hasta nosotros.

2 Contesta.
(Responda.)

a) ¿Qué animales aparecen en la historia?
_____
_____

b) ¿En qué ambiente?
_____

3 Piensa, contesta y dibuja.
(Pense, responda e desenhe.)

a) ¿Qué sentimiento le causaba la lluvia al narrador?

_____

b) Y a ti, ¿qué sentimientos te provoca la lluvia?

_____

_____

4 Completa el cuento.
(Complete o conto.)

> alegre   verdes   gordas   linda   feliz   grande
> fuertes   enorme   brillante   manso   oscuras

Había una vez una princesa muy _____ que vivía en un castillo muy _____, rodeado de _____ árboles.

Las paredes del castillo eran _____. Pero había un dragón _____ que quería jugar con la princesa y entrar en el castillo.

El dragón puso sus patitas _____ en el portón _____ y entró, muy _____ en el castillo.

El sol estaba _____ y las salas _____ se iluminaron con el dragón _____.

Texto hecho especialmente para el libro.

VOCABULARIO

portón: portão.

5 Elige la mejor cualidad para cada elemento.
(Escolha a melhor qualidade para cada elemento.)

a)

- [ ] alto
- [ ] lindo
- [ ] amarillo
- [ ] verde
- [ ] feo
- [ ] bajo

b)

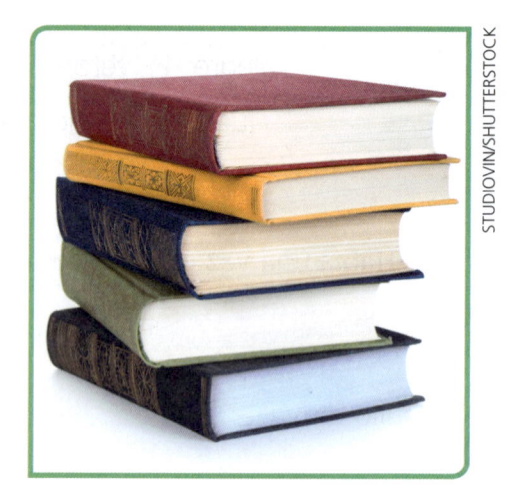

- [ ] grandes
- [ ] interesantes
- [ ] pesados
- [ ] pequeños
- [ ] frío
- [ ] leves

c)

- [ ] aburridos
- [ ] felices
- [ ] compañeros
- [ ] fieles
- [ ] tristes
- [ ] alegres

d)

- [ ] pequeño
- [ ] dulce
- [ ] amarillo
- [ ] ácido
- [ ] viejo
- [ ] amargo

e)

☐ pesado   ☐ fuerte
☐ caliente ☐ flaco
☐ manso   ☐ lindo

f)

☐ simpático ☐ joven
☐ viejo   ☐ mayor
☐ feroz   ☐ gordo

6 Forma frases con los ejemplos anteriores.
(Forme frases com os exemplos anteriores.)

> **Modelo:**
> El árbol es verde.

a) _____

b) _____

c) _____

d) _____

e) _____

f) _____

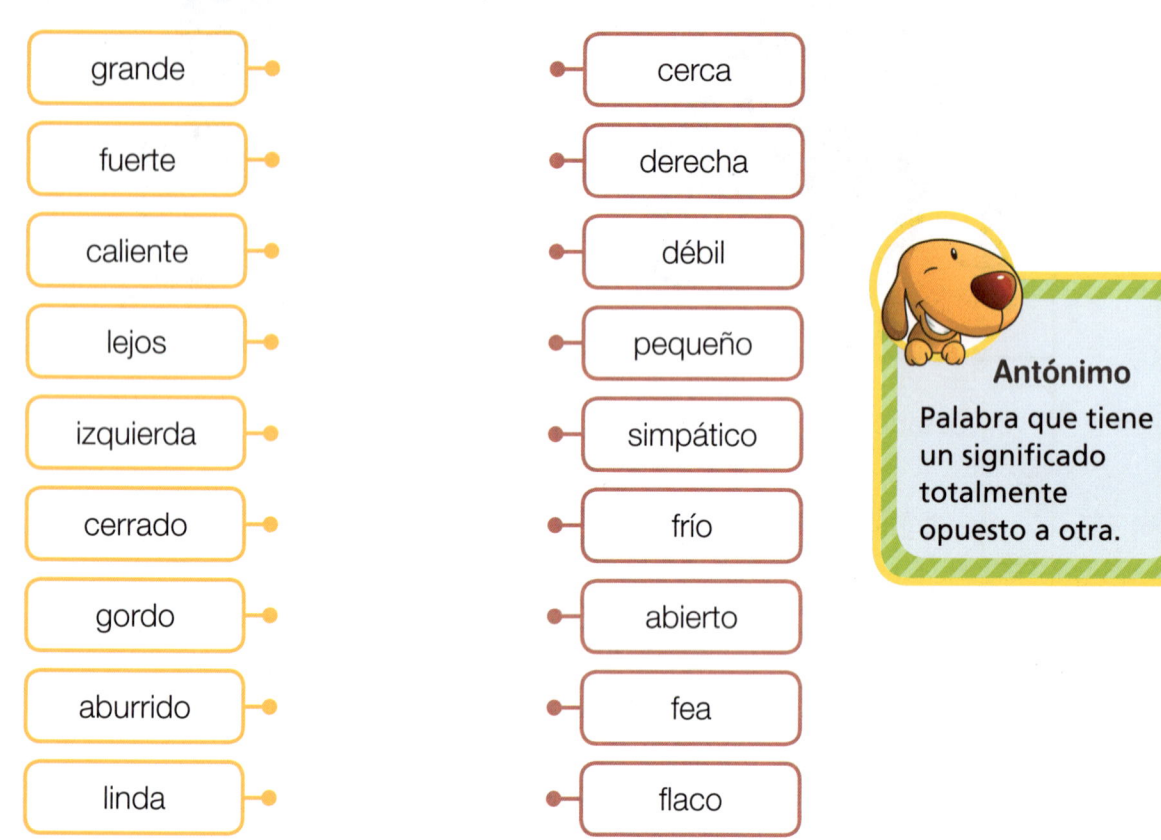

7 Une las dos columnas con los antónimos.
(Ligue as duas colunas com os antônimos.)

grande	cerca
fuerte	derecha
caliente	débil
lejos	pequeño
izquierda	simpático
cerrado	frío
gordo	abierto
aburrido	fea
linda	flaco

Antónimo
Palabra que tiene un significado totalmente opuesto a otra.

8 Ahora crea una columna y pídele a tu compañero que escriba el antónimo correspondiente.
(Agora crie uma coluna e peça a um colega que escreva o antônimo correspondente.)

Adjetivos	Antónimos

LÍNGUA ESPANHOLA

9 ¡Qué lío! Con la lluvia cayeron las hojas de los árboles. ¿Vamos a separarlas?
(Que bagunça! Com a chuva caíram as folhas das árvores. Vamos separá-las?)

Hojas: bonita, gorda, maduros, bailarina, puro, fuertes, señora, feliz, nubes, gritos, gallinas, juventud, aire, lejanos, pesadas, fea, vientos, mansas, aguas, bananas

Sustantivos
Son palabras que designan cosas, personas, animales o lugares.

Adjetivos
Son las características que damos a los sustantivos.

Ejemplo:
El **libro** es **pequeño**.
(sustantivo)   (adjetivo)

sustantivos	adjetivos

10 Vamos a jugar a las adivinanzas. Escucha, fíjate en las pistas en la imagen y encuentra las respuestas.
(Vamos brincar de adivinhações. Escute, preste atenção na imagem e encontre as respostas para as adivinhações.)

Vuela sin aire
chifla sin boca
no se ve
y tampoco se toca.

Soy _____.

Cartas van
cartas vienen
y en el aire se entretienen.

Somos _____.

a) ¿Las palabras encontradas son sustantivos o adjetivos?

_____

b) ¿Qué cualidades pueden tener las palabras encontradas?

_____

_____

_____

11 Completa el texto con las palabras que aparecen a continuación.
(Complete o texto com as palavras que aparecem abaixo.)

pobre
viento
ramas
tierra
brillantes
nuevo
oscura
muerta

La gota de agua

Salió del mar y se encontró en la nube.

Después, la nube se alejó en el _____.

Y por fin, al llover, la gota de agua se encontró en la raíz de un duraznero.

Otras gotas quedaron en las _____, y al verse tan _____ y arriba, se rieron de la _____ gotita que en la _____, tan abajo y _____, se había muerto.

Pero cuando en el árbol no quedaba de las gotas brillantes ni el recuerdo, la gota _____ no era muerta.

Era jugo en el jugo de un durazno _____.

José Sebastián Tallón.
Disponible en: <http://goo.gl/AWJ0cY>. Acceso en 7 jul. 2015.

adjetivos
_____
_____
_____
_____
_____

sustantivos
_____
_____
_____
_____
_____

12 Cuéntanos una historia.
(Conte uma história.)

_____

_____

_____

_____

_____

_____

_____

13 Pídele a tu compañero que lea tu historia y que haga un dibujo.
(Peça a um(a) colega que leia a sua história e que faça um desenho.)

14 Descubra los adjetivos, después escucha el diálogo y marca cuáles de los adjetivos que descubriste son mencionados.
(Descubra os adjetivos, depois escute o diálogo e marque quais dos adjetivos que você descobriu são mencionados.).

☐ R A G D E N _____ ☐ T I S E T R _____

☐ Z E F I L _____ ☐ O P Ñ E E U Q _____

☐ E E R F U T _____ ☐ A D O U R I R B _____

☐ O O G R D _____ ☐ E T N A R S E I N T E _____

☐ N U V E O _____ ☐ E D L U C _____

☐ Í R O F _____ ☐ O V E I J _____

15 ¿Conoces algún parque en tu ciudad? Escribe algo acerca de él y cuenta a tus amigos.
(Você conhece algum parque em sua cidade? Escreva algo a respeito dele e conte a seus amigos.)

_____

_____

Falsos cognatos o falsos amigos

Son palabras que tienen la escrita y pronuncia similares, pero tienen diferentes significados en cada idioma.

Ejemplos: Flaca ≠ *fraca* | flaca = *magra*

acordar ≠ *acordar* | acordar = *lembrar*   guitarra ≠ *guitarra* | guitarra = *violão*
escoba ≠ *escova* | escoba = *vassoura*   polvo ≠ *polvo* | polvo = *pó*
exquisito ≠ *esquisito* | exquisito = *delicioso*   suceso ≠ *sucesso* | suceso = *acontecimento*

LECCIÓN 2

El abuelo
(O avô)

Escucha y lee.
(Escute e leia.)

El abuelo

La familia habla del abuelo Juan.

–¿Papá? – pregunta uno de los niños – ¿Dices que él estuvo en Londres?

–Sí – contesta el padre – Tú eras muy pequeñito y Clara María no había nacido aún.

–Pero yo, le he oído contar a mamá muchas cosas de él – dice Clara María.

–Era un viejecito todo **afeitado**, **pulcro**, **sencillo** – dice el padre. – No tenía más amor que la limpieza y los libros.

–Y le gustaban los árboles. ¿Tú te acuerdas del huerto que había en la casa?

–Yo no me acuerdo – dice Clara María.

–Detrás de la casa había un huerto muy grande. Siempre se llevaba un libro y se ponía a leer debajo de un árbol. Había en el huerto muchas higueras, muchos rosales, muchos **laureles**.

–Y un **ciprés** – dice Pedro Antonio.

–Es verdad; un ciprés muy alto, rígido, negro. El abuelo Juan quería mucho a este ciprés; él decía que era como el símbolo del tiempo, de la eternidad, y que mientras todo cambiaba y todos los árboles se **deshojaban** a su alrededor, él solo permanecía siempre igual, rígido, inmóvil.

–¿Y había muchas rosas? – observa Clara María.

–Muchas, rosas rojas, amarillas, blancas.

José Martínez Ruiz.

Fonte: Javier Villanueva, literatura. Disponible en: <http://goo.gl/gZmv1L>. Acceso en 7 jul. 2015.

VOCABULARIO

afeitado: barbeado.
ciprés: cipreste (planta).
deshojaban: desfolhavam.
laurel: louro (planta).
pulcro: asseado, bem arrumado.
sencillo: simples, fácil.

ACTIVIDADES

1 Contesta de acuerdo con el texto.
(Responda às perguntas de acordo com o texto.)

a) ¿Cuántos personajes intervienen en el relato? ¿Quiénes son ellos?

_____

_____

b) Después de haber leído el relato, para ti, ¿cómo es el abuelo?

_____

_____

c) Forma una lista de los árboles y flores que se citan y sus características según el autor.

_____

_____

_____

2 Describe algunos/as amigos/as y familiares tuyos.
(Descreva alguns de seus amigos e familiares.)

Nombre y características: _____

_____

Nombre y características: _____

_____

Nombre y características: _____

_____

3 ¿Vamos a investigar?
(Vamos pesquisar?)

a) La familia se constituye, además del abuelo y los nietos, por…

_____

_____

_____

b) Identifica algunos familiares de Ana en la imagen.

"Yo soy Ana y esta es mi familia."

Mira otras relaciones familiares:

= hija   = hijo

= sobrino   = sobrina

20 LÍNGUA ESPANHOLA

= cuñado

= cuñada

= nuera

= yerno

= suegro

= primo

4 ¡Esta es mi familia querida! Corta, pega y escribe los nombres de tus familiares.
(Esta é minha família querida! Recorte, cole e escreva o nome de seus familiares.)

5 Elige algunos de tus familiares y escribe acerca de sus características.
(Escolha alguns familiares e escreva sobre algumas de suas características.)

6 Escucha, fíjate en las pistas y encuentra las respuestas para las adivinanzas.
(Escute, preste atenção às dicas e encontre as respostas para as adivinhações.)

matrimonio   mentira   madre

De tus tíos soy hermana,
soy hija de tus abuelos
y quién más a ti te ama.

Soy tu _____.

Es, cuando no es,
y no es, cuando es.
¿Qué es?

Es la _____.

Es una red sin medida,
cuyos nudos no se ven
y duran toda la vida.

Es el _____.

LÍNGUA ESPANHOLA

7 Mira el cuadro a continuación y completa el crucigrama con los nombres de los familiares.
(Veja o quadro abaixo e complete as palavras cruzadas com os nomes dos familiares.)

~~hermano~~	hijastro
cuñado	padrastro
sobrino	hijo
suegro	abuelo
tío	padre
yerno	nieto

Ahora escribe los nombres de los miembros de la familia del crucigrama en el femenino.
(Agora escreva o nome dos membros da família das palavras cruzadas no feminino.)

_____

_____

8 Presenta a un amigo y describe su familia.
(Apresente um amigo e descreva sua família.)

9 Relaciona las columnas.
(Relacione as colunas.)

a) Expresión de alegría

b) Expresión de tristeza

c) Expresión de sorpresa

d) Expresión seria

e) Expresión de vergüenza

f) Expresión de rabia

REVISIÓN

En la Lección 1 has leído un fragmento de "La lluvia", de Juan José Morosoli. Aprendiste:
(Você aprendeu:)

- a usar muchos adjetivos: mansa, feliz, grande, pequeño, fuerte, flaca, caliente, frío, lejos, cerca, izquierda, derecha, cerrado, abierto, bonita, gorda, maduros, pesadas, puro, lejanos, fuertes;
- algunos nombres de aves: gallinas, aguateros, teru-terus, horneros;
- algunas historias curiosas en días de lluvia.

1 Completa las frases con los adjetivos del cuadro. Compara tus frases con tus compañeros de clase.
(Complete as frases com os adjetivos do quadro. Compare-as com as de seus colegas de classe.)

> pesadas – rica – viejita – calientes
> frío – divertido – activa – gracioso – lindo

a) Mi abuela está muy _____ pero es una persona muy _____.

b) El _____ perrito de Amanda es _____ y _____.

c) Estas cajas son muy _____. No las puedo levantar.

d) São José dos Ausentes es un lugar muy _____. A veces nieva en invierno.

e) Roberta va de vacaciones al interior de Pernambuco. A ella le gustan los lugares _____.

f) La lengua española es _____.

En la Lección 2 has leído un fragmento de "El abuelo", de José Martínez Ruiz. Aprendiste:
(Você aprendeu:)

- los nombres de los familiares: el padre, la madre, el(la) hijo(a), el(la) abuelo(a), el(la) nieto(a), el(la) hermano(a), el(la) cuñado(a), el(la) sobrino(a), el(la) suegro(a), el yerno, la nuera, el padrino, la madrina, el(la) ahijado(a), el padrastro, la madrastra, el(la) hijastro(a), el(la) novio(a);
- algunas expresiones sobre estados de ánimo: alegría, tristeza, sorpresa, rabia, vergüenza;
- las características de la familia y descripción de los familiares.

2 Ilustra y describe una familia totalmente diferente de la tuya. Muéstrala a tus compañeros.
(Desenhe e descreva uma família totalmente diferente da sua. Mostre-a a seus colegas de classe.)

LECCIÓN 3

¿En qué andas?
(De que você anda?)

Escucha y lee.
(Escute e leia.)

El toro y la locomotora

Imperaba en toda la hacienda un señor absoluto, […]Temerario: un toro negro […], de esbeltas, vigorosas formas […].

Aconteció que unos ingenieros trazaron por el medio de esos campos una línea férrea. El Temerario […] bravo […] no se apartaba de […] la vía; […] había advertido un toro extraño, un Unicornio, que […] **echaba** […] **bocanadas** de humo y […] **chorros** de vapor caliente.

La rabia lo **ahogaba** al ver que todos sus súbditos se **aterraban** en su presencia […] y […] un día atacó e **hirió** de muerte, sin motivo alguno, a más de media docena de toros de la comarca.

–Esto no es justo – atrevióse a decirle un anciano muy filósofo. […]

–Te juro, viejo gruñón, que ese toro nuevo no pasará más por este lugar, porque tendrá que **habérselas** conmigo […].

El duelo iba a ser formidable […].

Mientras el Temerario **bramaba** y **arrojaba** al espacio puñados de tierra […] sintióse […] el alarmado anuncio de la locomotora, que traía un largo tren de pasajeros. Era imposible detenerla en tan corto trecho, y todo el esfuerzo se concentró en hacer el mayor **ruido de pito** y vapor, para advertir a la obcecada bestia de la inminencia del peligro.

Un minuto más, […] los espantados viajeros del tren […] y los mudos espectadores de las lomas vieron, al primer contacto de la masa férrea con la ruda frente del Temerario, rodar al suelo […] entre una densa nube de polvo, mientras el […] toro de hierro se perdía, con sus **alaridos** […]

Joaquín V. González. Disponible en: <http://goo.gl/dVzvVk>. Acceso en 7 jul. 2015.

Vamos a conocer algunas expresiones.
(Vamos conhecer algumas expressões.)

habérselas o vérselas = *lidar, disputar, ter que se ver*.
ruido de pito = *ruído estridente*.

VOCABULARIO

ahogaba: afogava, asfixiava, consumia.
alaridos: gritos.
arrojaba: arremessava.
aterraban: aterrorizavam.
bramaba: rugia, berrava.
bocanadas: sopro, baforadas.
chorros: jatos.
echaba: jogava, lançava.
hirió: feriu.

ACTIVIDADES

1 Contesta de acuerdo con el texto.
(Responda às perguntas de acordo com o texto.)

a) Temerario es un _____. Temerario es _____.

Un día _____ de muerte a más de media docena de toros.

b) ¿Cuál es la relación entre el toro y la locomotora? _____.

c) ¿Qué palabras se refieren a la locomotora y cuáles al toro?

Locomotora _____
_____.

Toro _____
_____.

d) ¿Qué quiere decir cada una de estas palabras? Busca y une a los significados en portugués.

humo   colinas

lomas   nuvem

nube   pó

polvo   fumaça

29

Mira estos verbos. Están conjugados en el Pretérito Imperfecto.

(Veja estes verbos. Eles estão conjugados no Pretérito Imperfeito.)

> "**Imperaba** en toda la hacienda un señor absoluto…"
>
> "La rabia lo **ahogaba** al ver que…"
>
> "El duelo **iba** a ser formidable."
>
> "**Era** imposible detenerla en tan corto trecho, y…"

Los verbos **imperaba**, **ahogaba**, **iba** y **era** están conjugados en el Pretérito Imperfecto de modo indicativo de **imperar**, **ahogar**, **ir** y **ser**, respectivamente.

Este tiempo verbal se usa para expresar acciones o situaciones que eran frecuentes en el pasado.

Para formar el Pretérito Imperfecto quitamos las terminaciones **ar**, **er**, **ir** y añadimos las siguientes:

imper<u>ar</u>	tra<u>er</u>	viv<u>ir</u>
Yo imper<u>aba</u>	Yo tra<u>ía</u>	Yo viv<u>ía</u>
Tú imper<u>abas</u>	Tú tra<u>ías</u>	Tú viv<u>ías</u>
Él/ella/Ud. imper<u>aba</u>	Él/ella/Ud. tra<u>ía</u>	Él/ella/Ud. viv<u>ía</u>
Nosotros imper<u>ábamos</u>	Nosotros tra<u>íamos</u>	Nosotros viv<u>íamos</u>
Vosotros imper<u>abais</u>	Vosotros tra<u>íais</u>	Vosotros viv<u>íais</u>
Ellos/ellas/Uds. imper<u>aban</u>	Ellos/ellas/Uds. tra<u>ían</u>	Ellos/ellas/Uds. viv<u>ían</u>

Excepciones:
Los verbos **ir**, **ser** y **ver** son irregulares en pretérito imperfecto:

ir	ser	ver
Yo iba	Yo era	Yo veía
Tú ibas	Tú eras	Tú veías
Él/ella/Ud. iba	Él/ella/Ud. era	Él/ella/Ud. veía
Nosotros íbamos	Nosotros éramos	Nosotros veíamos
Vosotros ibais	Vosotros erais	Vosotros veíais
Ellos/ellas/Uds. iban	Ellos/ellas/Uds. eran	Ellos/ellas/Uds. veían

LÍNGUA ESPANHOLA

2. Completa el crucigrama con los Pretéritos Imperfectos de los verbos indicados. Usa las personas él, ella o Ud.

(Complete as palavras cruzadas com o pretérito imperfeito dos verbos indicados. Conjugue-os com ele, ela ou você.)

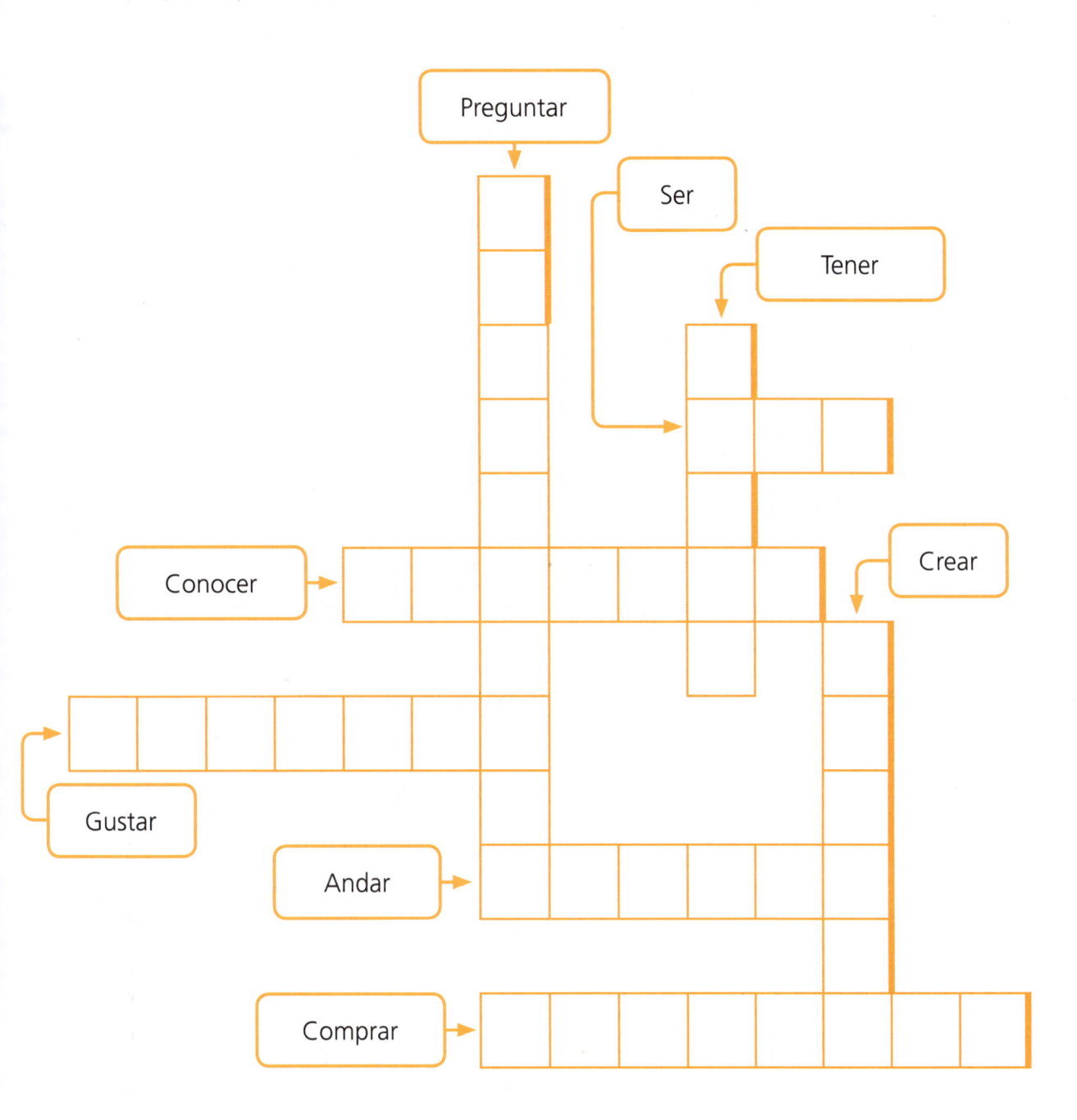

- Preguntar
- Ser
- Tener
- Conocer
- Crear
- Gustar
- Andar
- Comprar

Elige uno de los verbos conjugados y crea una frase con él.
(Escolha um dos verbos conjugados e crie uma frase com ele.)

_____

_____

3 Conjuga los verbos sacados del texto.
(Conjugue os verbos tirados do texto.)

Infinitivo	Pretérito Imperfecto
apartar	apartaba
haber	
echar	
aterrar	
bramar	
arrojar	
ahogar	
traer	

4 Completa las frases del texto con los verbos que recién conjugaste.
(Complete as frases do texto com os verbos que você acabou de conjugar.)

El Temerario no se _____ de la vía, _____ advertido un toro extraño, que _____ bocanadas de humo.

La rabia lo _____ al ver que todos se _____ en su presencia.

Mientras el Temerario _____ y _____ al espacio puñados de tierra sintióse el alarmado anuncio de la locomotora, que _____ un largo tren de pasajeros.

5 Busca los significados en portugués de los verbos "apartar" y "haber".

_____

_____

6 Relaciona las figuras con los nombres de los medios de transporte y las fechas de sus invenciones.
(Relacione as figuras aos nomes dos meios de transporte e suas datas de invenção.)

a) b) c)

d) e) f)

☐ metro/subte (1863) ☐ helicóptero (1907) ☐ globo de aire (1891)

☐ submarino (1863) ☐ bicicleta (1783) ☐ coche (1876)

7 ¿Conoces estos medios de transporte? Escribe las frases al lado de su imagen correspondiente.
(Você conhece estes meios de transporte? Escreva as frases ao lado da imagem correspondente.)

- Hecho en 1923 por la Mercedes-Benz para el transporte de carga.
- Surgió en Francia, en 1828, para el transporte de pasajeros en autovías.
- Hecho en 1885 por la Ford para el transporte individual de pasajeros.
- Los primeros vuelos comerciales fueron hechos en 1919.

8 Fíjate en las pistas y encuentra las respuestas para las adivinanzas.
(Preste atenção às dicas e encontre as respostas para as adivinhações.)

Tengo ruedas y pedales,

cadenas y un manillar;

te ahorras gasolina

aunque te haga sudar.

Soy la _____.

Por caminitos de hierro,

el gusano de metal

en su barriga transporta

la gente por la ciudad,

llevándola por un túnel

en completa oscuridad.

Soy el _____.

Zapatos de goma,

ojos de cristal,

con una manguera

lo alimentarás.

Es el _____.

9 Vamos a conocer la historia de la llegada del primer automóvil a Brasil. Escucha, lee el texto y contesta las preguntas.
(Vamos conhecer a história da chegada do primeiro automóvel ao Brasil. Escute, leia o texto e responda às perguntas.)

Alberto Santos Dumont – que sería considerado más tarde en Brasil y Francia el precursor de la aviación, por haber sido el primer hombre en despegar a bordo de un avión impulsado por un motor aeronáutico – también trajo a San Pablo en 1891 el primer auto movido por un motor a nafta.

El coche era fabricado por la Peugeot y el padre del avión, que volvía de París con su familia, tenía entonces tan solo 18 años.

El vehículo motorizado de Dumont era único en aquel lejano noviembre de 1891.

Trece años después ya había ochenta y cuatro autos registrados en todo el país. Y a tal punto llegó la demanda que, otros quince años más tarde, la compañía Ford se instala y empieza a fabricar sus primeras unidades en Brasil.

Santos Dumont, el padre del avión, trajo el primer auto a Brasil en 1891.

Fonte: Javier Villanueva, literatura.
Disponible en: < http://goo.gl/zf8CjR >. Acceso en 27 abr. 2015.

a) Subraya y escribe los verbos que encuentres en el Pretérito imperfecto.

b) ¿Quién trajo el primer automóvil a Brasil?

c) ¿A qué ciudad brasileña y en qué año llegó el primer automóvil?

d) Haz la cuenta y di en qué año se instaló la fábrica Ford en Brasil.

10 ¿Qué personajes automovilísticos conoces? Te indicamos 2 películas:
(Quais personagens automobilísticos você conhece? Indicamos dois filmes.)

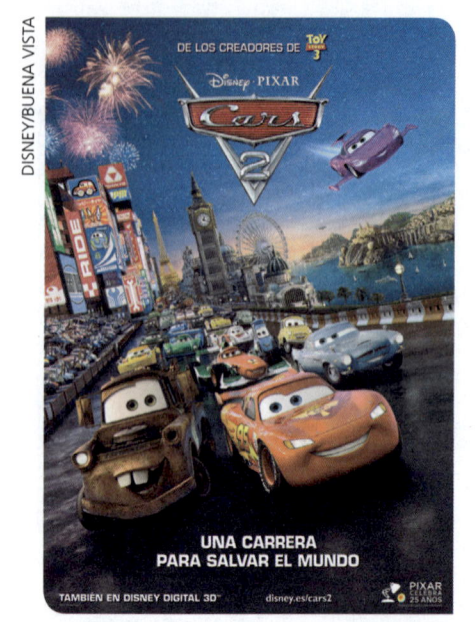

Cars: Una carrera para salvar el mundo (2011).

Ahí va ese bólido (1968).

Ahora, crea tu personaje automovilístico. Dibújalo y dale un nombre.
(Agora, crie seu personagem automobilístico. Desenhe e dê um nome a ele.)

11 Los medios de transporte pueden moverse por la tierra, el aire y las aguas de los ríos o mares. Ve a la página 99, corta y pega cada uno de los transportes en sus lugares correspondientes.

(Os meios de transporte podem se mover por terra, pelo ar e pelas águas dos rios ou dos mares. Vá para a página 99, recorte e cole cada um dos transportes no seu lugar correspondente.)

LECCIÓN 4

¿Qué hiciste en tu vida?
(O que você fez na vida?)

Escucha y lee.
(Escute e leia.)

El señor Coyote y los perros

Este es un cuento sobre el señor Coyote, el **engañabobos** bobo, que como dicen los demás animales, es tan inteligente como estúpido.

Un día en que el señor Coyote caminaba por un valle que hay entre dos montañas, se lanzaron detrás de él dos grandes perros que hacía mucho esperaban la oportunidad de agarrarlo. El Coyote trató de alcanzar el bosque, pero los perros se encargaron de hacerlo correr.

Pero mientras se decidía por donde iba, aparecieron otros dos perros y se lanzaron hacia él, obligándolo a volver por donde había venido. Los cuatro perros habían **urdido** el plan de hacer correr el coyote de ida y de vuelta por el desierto hasta que estuviera demasiado cansado para dar un paso más. Los perros que lo perseguían se le acercaban y el coyote sabía que estaba corriendo en dirección a los otros dos que lo esperaban. Se dio cuenta entonces de que tenía que actuar sin perder tiempo.

Sobre la ladera de la montaña vio algo oscuro y redondo que le dio esperanzas: una **cueva**. Al ver a los dos perros que le hacían frente y **oír** a los dos que lo perseguían, se lanzó hacia el pie de la montaña. Tan cerca estaban que el señor Coyote podía oírlos discutir sobre cuál de ellos le daría alcance primero. Entonces, con una **zambullida** al aire, aterrizó dentro de la cueva pero el **agujero** era demasiado **chico** para los perros. Afuera, los perros se **quejaron** y **aullaron** y **patearon** un rato hasta que se dejó de oírlos. [...]

Los cuentos del coyote y el conejo. Serie Librería Española Hispanoamericana – Casa del Lector. Selección y adaptación de textos: Víctor Barrionuevo. São Paulo: Nacional.

VOCABULARIO

agujero: buraco.
aullaron: uivaram.
chico: pequeno.
cueva: caverna.
engañabobos: charlatão, farsante.

oír: ouvir.
patearon: chutaram.
quejaron: queixaram, reclamaram.
urdido: confabulado, tramado.
zambullida: mergulho, salto.

ACTIVIDADES

1 Contesta.
(Responda.)

a) El coyote es un _____.

b) ¿Cómo se describe el paisaje?

_____

c) La estrategia de los perros era hacer correr el coyote de _____

por el _____ hasta que estuviera _____
para dar un paso más.

d) ¿Por qué el coyote dejó de oír a los perros? _____

_____

e) ¿Qué cuento popular brasileño conoces?

_____

f) ¿Por qué te gusta?

_____

_____

2 Haz un dibujo que describa el cuento popular brasileño que elegiste.
(Faça um desenho que descreva o conto popular brasileiro que você escolheu.)

Mira estos verbos. Están conjugados en el Pretérito Indefinido.

(Veja estes verbos. Eles estão conjugados no Pretérito Perfeito.)

Hablar	Comer	Vivir
Yo hablé	Yo comí	Yo viví
Tú hablaste	Tú comiste	Tú viviste
Él, ella, Ud. habló	Él, ella, Ud. comió	Él, ella, Ud. vivió
Nosotros hablamos	Nosotros comimos	Nosotros vivimos
Vosotros hablasteis	Vosotros comisteis	Vosotros vivisteis
Ellos, ellas, Uds. hablaron	Ellos, ellas, Uds. comieron	Ellos, ellas, Uds. vivieron

Poder	Decir	Traer
Yo pude	Yo dije	Yo traje
Tú pudiste	Tú dijiste	Tú trajiste
Él pudo	Él dijo	Él trajo
Nosotros pudimos	Nosotros dijimos	Nosotros trajimos
Vosotros pudisteis	Vosotros dijisteis	Vosotros trajisteis
Ellos, ellas, Uds. pudieron	Ellos, ellas, Uds. dijeron	Ellos, ellas, Uds. trajeron

Pedir	Escribir	Narrar
Yo pedí	Yo escribí	Yo narré
Tú pediste	Tú escribiste	Tú narraste
Él pidió	Él escribió	Él narró
Nosotros pedimos	Nosotros escribimos	Nosotros narramos
Vosotros pedisteis	Vosotros escribisteis	Vosotros narrasteis
Ellos, ellas, Uds. pidieron	Ellos, ellas, Uds. escribieron	Ellos, ellas, Uds. narraron

Después de haber leído el cuento "El señor Coyote y los perros", vamos a observar algunos trechos.
(Depois de ter lido o conto "El señor Coyote y los perros", vamos observar alguns trechos.)

> "… se **lanzaron** detrás de él…"
>
> "El Coyote **trató** de alcanzar el bosque, …"
>
> "…**aparecieron** otros dos perros…"

Los verbos se **lanzaron, trató, aparecieron** están conjugados en el Pretérito Indefinido de Indicativo (Pretérito Simple) de **lanzarse, tratar, aparecer,** respectivamente.
Este tiempo verbal se emplea para expresar acciones o situaciones acabadas en un tiempo determinado y/o lejano.

3 Llena los espacios vacíos con la forma conjugada de los verbos que están entre paréntesis.
(Preencha os espaços com a forma conjugada dos verbos que estão entre parênteses.)

a) Nosotros _____ en la agenda siempre. **(escribir)**

b) Julia _____ todos los dulces de la fiesta. **(comer)**

c) El autor _____ los hechos con detalles. **(narrar)**

d) Ayer llovió todo el día y no _____ ir al cine. **(poder/nosotros)**

e) –¿Qué nos _____ antes de irte? **(decir/tú)**

f) Nosotros _____ hoy por la mañana. **(hablar)**

g) Mi abuelo _____ toda su infancia en España. **(vivir)**

4 Encuentra en la sopa de letras los infinitivos de los verbos a continuación.
(Encontre no caça-palavras os infinitivos dos verbos a seguir.)

hablaste	lanzó	trató	trajisteis
pudieron	comió	vi	narró
pidió	dije	vivimos	

V	V	P	Ó	R	A	G	O	L	M	P	Á	C	R	Ñ
C	M	Y	D	O	A	U	B	E	F	M	D	R	W	R
C	O	M	E	R	N	I	R	Q	S	A	R	Y	Z	K
U	X	Z	C	Ó	O	R	Y	N	D	O	I	A	L	B
O	P	B	I	D	W	Q	B	A	Ç	Z	Q	Ú	A	I
M	T	E	R	S	I	S	A	R	E	P	E	D	I	R
Ç	L	J	H	G	F	B	O	R	Y	O	J	G	B	P
Z	F	Y	Ó	N	O	T	Y	A	Ú	D	E	Ñ	R	X
R	B	N	V	H	S	V	T	R	A	E	R	H	K	P
T	R	A	T	A	R	R	G	D	F	R	L	T	M	O
Ó	F	S	R	B	G	M	S	R	Í	A	X	W	Y	V
Y	Ú	V	J	L	A	N	Z	A	R	P	Á	E	N	L
R	C	I	A	A	N	T	Q	O	B	X	Ç	J	A	J
Ú	F	V	E	R	R	C	W	I	A	C	Y	M	W	O
R	J	I	P	Y	C	R	N	W	D	T	U	Ñ	Ó	Z
Q	L	R	M	X	T	H	A	R	E	D	O	A	C	F

5 ¿Tú lo conoces? Escucha y completa con lo que falta.
(Você o conhece? Escute e complete com o que falta.)

Lionel Andrés Messi _____ en Rosario, Argentina, en 1987.

_____ a Barcelona, con 13 años de edad y _____ una carrera vertiginosa por las diferentes categorías hasta el primer equipo, en el que _____ con apenas 16 años en un partido amistoso ante el Porto.

Con 18 años _____ su consagración internacional:

_____ parte de la selección argentina, campeona en el Mundial Juvenil Sub-20 de Holanda, disputado en 2005.

Su talento individual se ha visto reconocido en cuatro años consecutivos con el Balón de Oro (2009, 2010, 2011 y 2012).

Texto hecho especialmente para el libro.

6 Escucha, fíjate en las pistas y encuentra los personajes escondidos en las adivinanzas.

(Escute, preste atenção nas dicas e encontre os personagens escondidos nas adivinhações.)

Pinocho.

Don Quijote de la Mancha.

La Bella Durmiente.

| Me pinché con una rueca y cien años me dormí hasta que el beso de un príncipe hizo que volviese en mí. | Soy _____. |

| Por decir muchas mentiras me ha crecido la nariz, pero, arrepentido luego, vuelvo a sentirme feliz. | Soy _____. |

| Con su caballo y con su escudero sale por la Mancha este caballero. Quiere justicia, busca aventuras y encuentra palos y desventuras. | Este caballero es _____. |

45

Vamos a hablar de los pronombres relativos.
(Vamos falar dos pronomes relativos.)

> Son los pronombres que se refieren a algo dicho anteriormente (cosa/persona).

Invariables	Variables
que	quien, quienes
cuando	cuyo/os, cuya/as
como	cual/cuales
donde	cuanto/os, cuanta/as

Ejemplos:

Los chicos **que** llegaron son mis primos.
La casa, **cuyo** portón es de madera, está a la venta.

7 Completa con los pronombres relativos del cuadro.
(Completa com os pronomes relativos do quadro.)

> que   cuando   como   donde   cuanto

a) Ella no vio el paquete _____ le dejé.

b) Los chicos se portaron _____ adultos.

c) La madre de Javier vendrá _____ pueda.

d) Le prestó _____ dinero tenía.

e) El lugar de _____ vine es muy pequeño.

8 Marca el pronombre relativo correcto y completa la frase.
(Marque o pronome relativo correto e complete a frase.)

a) No entiendo _____ dice el maestro.
- [ ] que
- [ ] quien
- [ ] lo que

b) Este es el restaurante _____ me recomendaron.
- [ ] que
- [ ] quien
- [ ] lo que

c) La vendedora con _____ hablé es muy simpática.
- [ ] que
- [ ] quien
- [ ] lo que

d) ¿Dónde está el señor a _____ le pusieron la inyección?
- [ ] que
- [ ] quien
- [ ] lo que

e) Las galletas _____ me dieron no me hicieron bien.
- [ ] que
- [ ] quien
- [ ] lo que

f) _____ debo hacer es dormir mejor.
- [ ] Que
- [ ] Quien
- [ ] Lo que

g) Esta es la película _____ quiero ver.
- [ ] que
- [ ] quien
- [ ] lo que

9 Vamos a conocer gente famosa. Ve a las páginas 101 y 103, pega en los espacios marcados fotos de los famosos que elegiste y rellena sus datos. Después corta estas fichas y cambia las informaciones con sus colegas.
(Vamos conhecer pessoas famosas. Vá para as páginas 101 e 103, cole nos espaços marcados as fotos dos famosos que você escolheu e preencha seus dados. Depois recorte as fichas e troque as informações com seus colegas.)

REVISIÓN

En la Lección 3 has leído un fragmento de "El toro y la locomotora", de Joaquín V. González. Has aprendido:
(Você aprendeu:)

- el pretérito imperfecto de modo indicativo de los verbos: **apartar**; **haber**; **echar**; **aterrar**; **bramar**; **arrojar**; **traer**; **perderse**; **ponerse**; **tener**; **escribir**;
- los medios de transporte: la historia de la locomotora, las fechas en que fueron inventados el metro/subte, el submarino, el globo de aire, el helicóptero, la bicicleta y el coche.

1 Nombra, describe e ilustra el medio de transporte más utilizado en tu ciudad.
(Nomeie, descreva e ilustre o meio de transporte mais utilizado em sua cidade.)

_____
_____
_____
_____

LÍNGUA ESPANHOLA

En la Lección 4 has leído un fragmento del cuento popular mexicano "El Sr. Coyote y los perros". Has aprendido:
(Você aprendeu:)

- el pretérito indefinido de modo indicativo de los verbos: ver; lanzarse; escribir; comer; narrar; llover; poder; decir; traer; pedir;
- la biografía de Messi;
- los pronombres relativos variables quien/quienes, cual/cuales, cuanto/a, cuantos/as, cuyo/a, cuyos/as y los invariables que, cuando, como y donde.

2 Escribe tu propia biografía. Cuéntanos dónde naciste, qué cosas interesantes hiciste, quiénes son tus familiares, dónde vives etc.
(Escreva sua própria biografia. Conte onde você nasceu, que coisas interessantes você fez, quem são seus familiares, onde você vive etc.)

LECCIÓN 5

Lo tengo en la punta de la lengua

(Está na ponta da minha língua)

Escucha y lee.
(Escute e leia.)

El rastro de tu sangre en la nieve

[...] Nena Daconte era casi una niña, con unos ojos de pájaro feliz y una piel de **melaza** que todavía irradiaba la **resolana** del Caribe en el **lúgubre** anochecer de enero, y estaba arropada hasta el cuello con un abrigo de nucas de visón [...] Billy Sánchez de Ávila, su marido, que conducía el coche, era un año menor que ella, y casi tan bello, y llevaba una chaqueta de cuadros escoceses y una **gorra de pelotero**. Al contrario de su esposa, era alto y atlético y tenía las mandíbulas de hierro de los **matones** tímidos. [...]
Nena Daconte salió del automóvil envuelta con el abrigo hasta las orejas, y le preguntó al guardia en un francés perfecto dónde había una farmacia. El guardia contestó por costumbre con la boca llena de pan que eso no era asunto suyo. [...] Pero luego se fijó con atención en la muchacha que se chupaba el dedo herido envuelta en el **destello** de los visones naturales, y debió confundirla con una aparición mágica en aquella noche de espantos, porque al instante cambió de humor. Explicó que la ciudad más cercana era Biarritz, pero que en pleno invierno y con aquel viento de lobos, tal vez no hubiera una farmacia abierta hasta Bayona, un poco más adelante.
–¿Es algo grave? – preguntó.
–Nada – sonrió Nena Daconte, mostrándole el dedo con la sortija de diamantes en cuya **yema** era apenas perceptible la herida de la rosa-. Es solo un **pinchazo**. [...]

Gabriel García Márquez. Extracto del cuento "El rastro de tu sangre en la nieve", *Doce cuentos peregrinos*, Editorial Planeta, Madrid.

VOCABULARIO

destello: clarão, brilhante.
gorra de pelotero: boné de time (beisebol).
lúgubre: sombrio, fúnebre.
matones: briguentos, valentões.
melaza: melaço.
pinchazo: machucado.
resolana: brilho.
yema: gema, pedra preciosa.

ACTIVIDADES

1 Contesta de acuerdo con el texto.
(Responda às perguntas de acordo com o texto.)

a) El relato nos presenta una pareja. ¿Cuál es el nombre de cada uno de ellos?

_____

b) ¿Qué partes del cuerpo y de la apariencia física de la mujer y del hombre se describen en el texto?

_____
_____
_____
_____

c) ¿Qué le pasó a la mujer? ¿Por qué necesita ayuda?

_____
_____

d) ¿Cuál es el nombre del autor del cuento? Investiga y escribe sobre él.

_____
_____

El cuerpo humano está compuesto por cabeza, tronco y extremidades

(O corpo humano está composto por cabeça, tronco e membros.)

Vamos a conocer las partes de la cabeza.

(Vamos conhecer as partes da cabeça.)

- el ojo
- el pelo
- la oreja
- la ceja
- la nariz
- la mejilla
- el cuello
- la boca

STOCKBYTE

Vamos a conocer las partes del tronco

(Vamos conhecer as partes do tronco.)

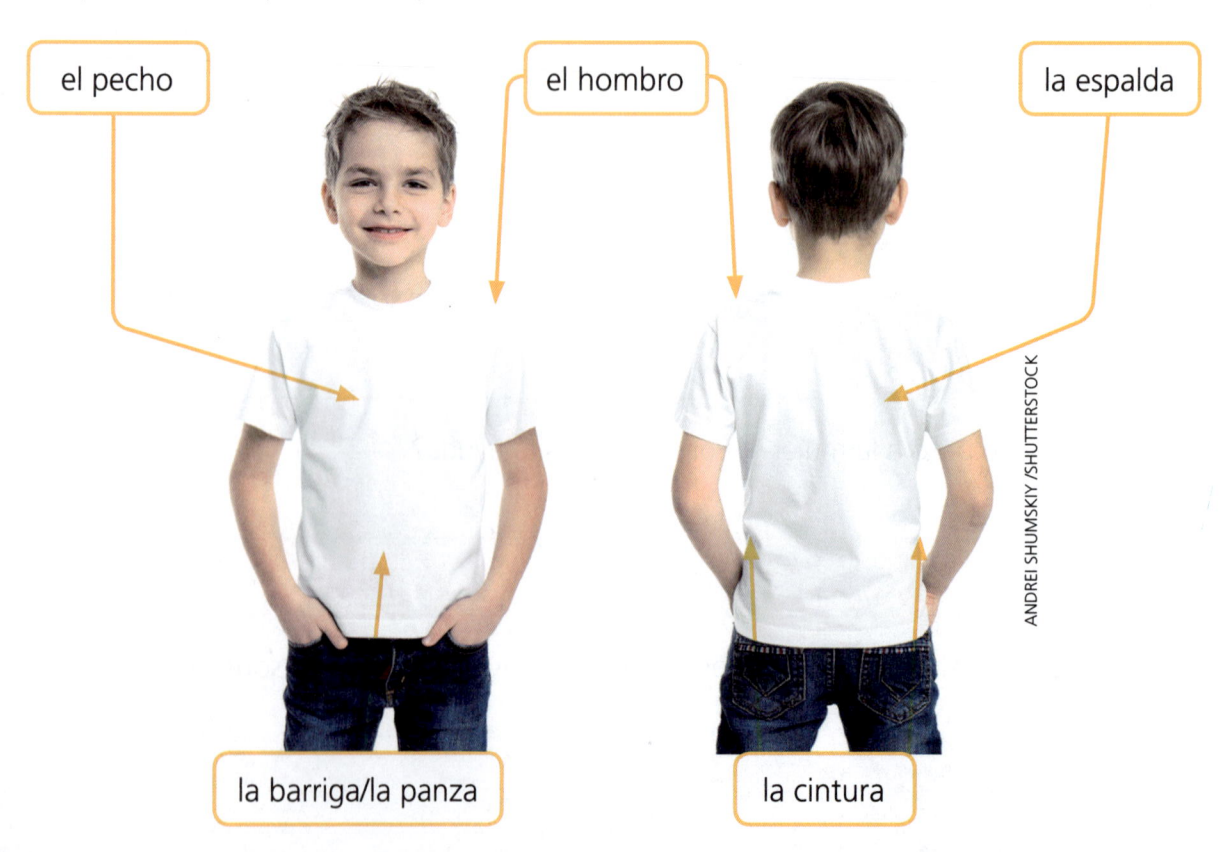

- el pecho
- el hombro
- la espalda
- la barriga/la panza
- la cintura

ANDREI SHUMSKIY /SHUTTERSTOCK

Y por fin, vamos a conocer las partes de las extremidades del cuerpo
(Finalmente vamos conhecer as partes dos membros do corpo.)

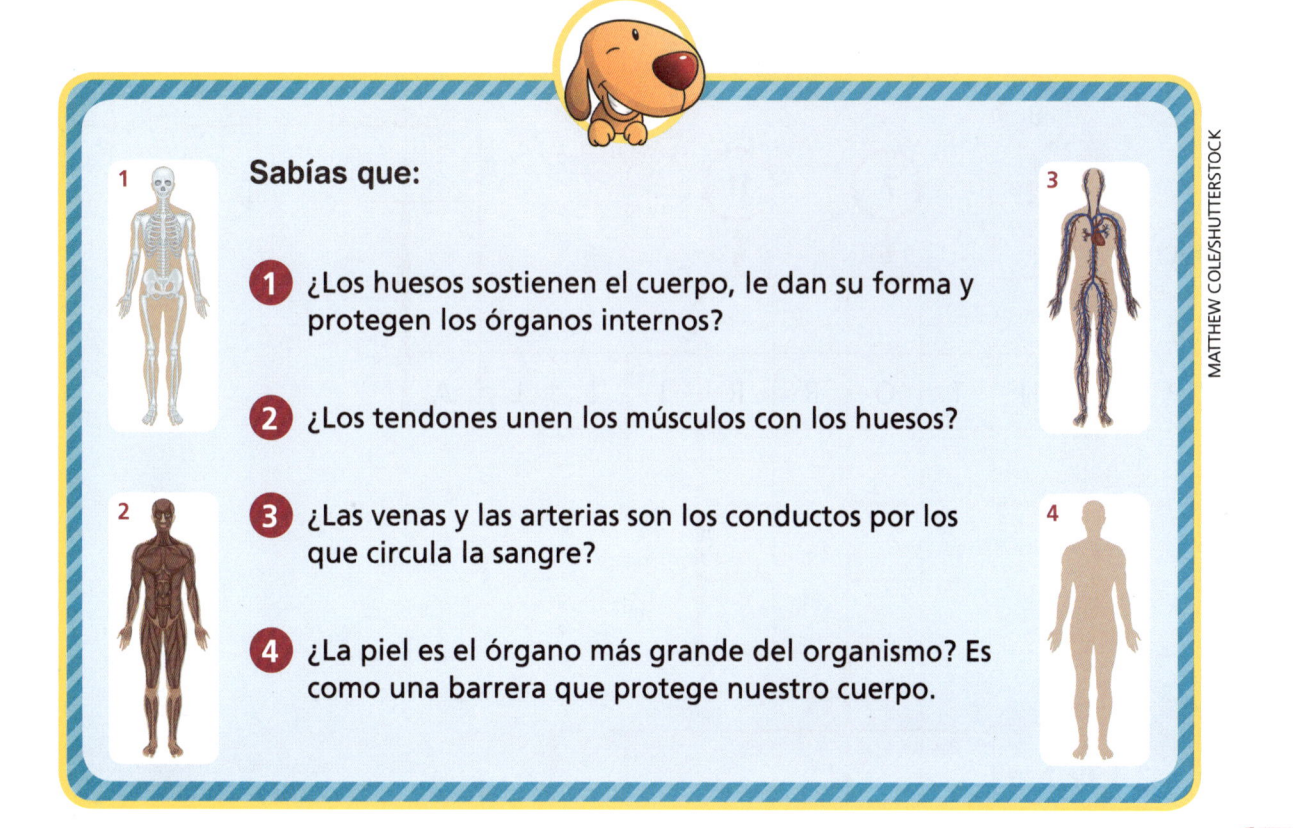

- el dedo
- el brazo
- el muslo
- la pierna
- la rodilla
- el tobillo
- la mano
- la muñeca
- el codo
- la pantorrilla
- el talón
- el pie

JACEK CHABRASZEWSKI /SHUTTERSTOCK

Sabías que:

1. ¿Los huesos sostienen el cuerpo, le dan su forma y protegen los órganos internos?

2. ¿Los tendones unen los músculos con los huesos?

3. ¿Las venas y las arterias son los conductos por los que circula la sangre?

4. ¿La piel es el órgano más grande del organismo? Es como una barrera que protege nuestro cuerpo.

MATTHEW COLE/SHUTTERSTOCK

2 Completa con las partes del cuerpo.
(Complete com as partes do corpo.)

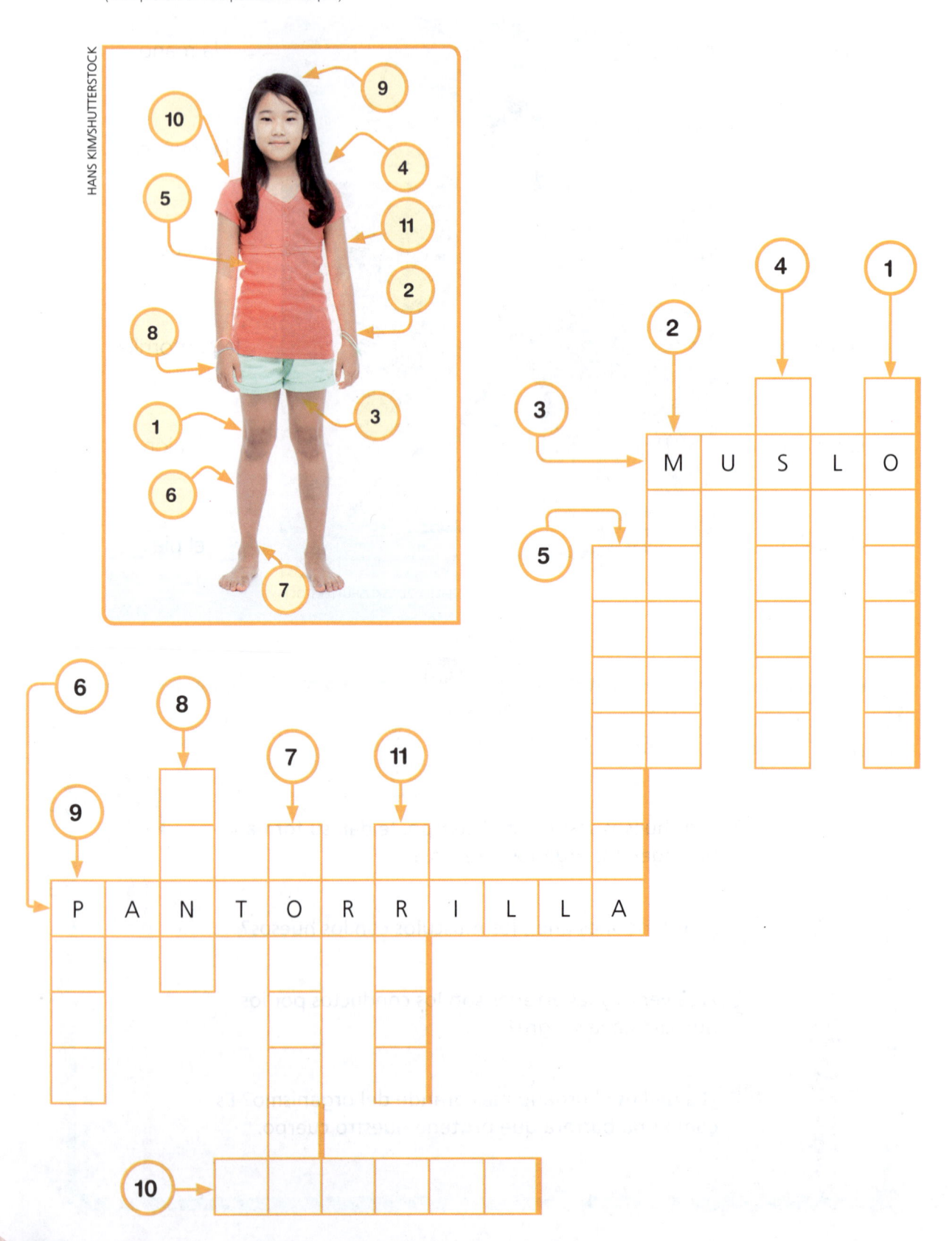

3 → M U S L O

P A N T O R R I L L A

3 Ordena las letras y forma los nombres de las partes del cuerpo.
(Ordene as letras e forme palavras com os nomes das partes do corpo.)

O R O M B H _____

J A R O E _____

L C E U L O _____

O P L E _____

Z R A B O _____

N A I E P R _____

U Ñ E M A C _____

4 Circula las partes de la cabeza con color rojo, las del tronco con azul y de las extremidades com verde.
(Circule as partes da cabeça com a cor vermelha, as do tronco com azul e as dos membros com verde.)

la nariz   la espalda
   la ceja
la rodilla   el pecho
   el ojo
la mano
   la mejilla
   la boca
la cintura
   la pantorrilla
la barriga/la panza
el codo   el tobillo   el talón

VALUA VITALY/SHUTTERSTOCK

5 Escucha, fíjate en las pistas y encuentra las partes del cuerpo que están escondidas.
(Escute, preste atenção às dicas e encontre as partes do corpo que estão escondidas.)

83
Como las piedras son duros;
para el perro un buen manjar
y sin ellos no podrías
ni saltar ni caminar.

Son los _____.

84
Con ella comes
Con ella hablas
Con ella rezas
Y hasta bostezas.

Es la _____.

85
Cinco hermanos muy unidos
Que no se pueden mirar
Si se pelean, aunque quieran
No se pueden separar.

Son los _____.

86
Dos niñas apoyadas
Cada una en su ventana
Lo ven y observan todo
Sin decir una palabra.

Son los _____.

Vamos a conocer un poco más de la cultura hispana a través de las expresiones populares.
(Vamos conhecer um pouco mais da cultura hispânica através das expressões populares.)

Morderse los codos de hambre = Tener mucha hambre.
No tener pelos en la lengua = Hablar todo lo que se piensa.
Dormir a pierna suelta = Dormir mucho.
Andar con ojos = Estar atento.
Quemarse las cejas = Estudiar mucho.
Asomar la cabeza = Salir de la pobreza.

Nos falta conocer los nombres de los dedos de las manos
(Falta ainda conhecer os nomes dos dedos das mãos.)

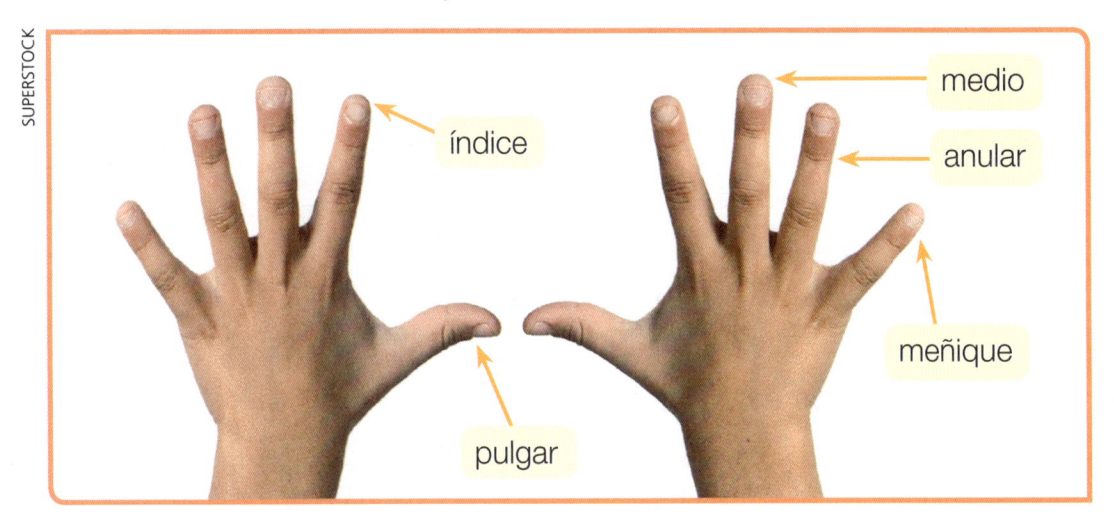

- medio
- anular
- meñique
- índice
- pulgar

6 Contesta a las siguientes preguntas.
(Responda às seguintes perguntas.)

a) ¿En qué dedo usan el anillo de matrimonio las personas casadas?

_____

b) ¿Con qué dedo apuntas cuando quieres señalar algo?

_____

c) ¿Cuál es el menor dedo de las manos?

_____

7 ¿Usas frases hechas? Vamos a escuchar algunas que usan las partes del cuerpo. Escucha y escribe la letra de cada frase según el dicho.
(Você usa frases feitas? Vamos escutar algumas frases com as partes do corpo. Escreva a letra de cada frase conforme o ditado.)

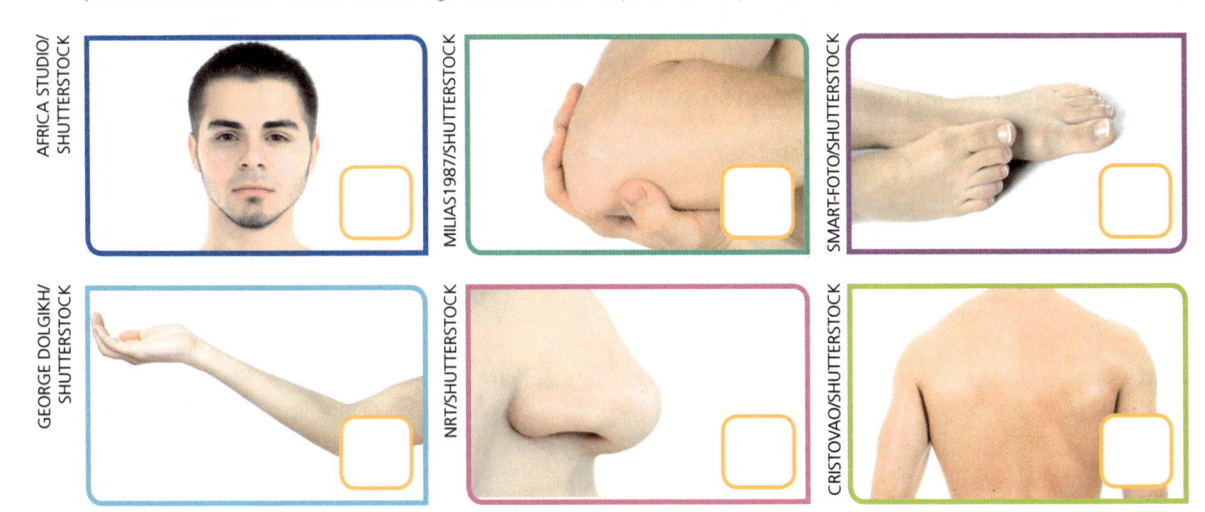

LECCIÓN 6

La casa de los espíritus
(A casa dos espíritos)

Escucha y lee.
(Escute e leia.)

La casa de los espíritus

[...] Se hizo cargo del animal. Lo **sacó** de la jaula, [...] consiguió darle agua en el **hocico** hinchado y reseco. [...] Clara se convirtió en una madre para el animal [...]

–¿Qué es eso? –preguntó.
–Barrabás –dijo Clara.
–Déselo al jardinero, para que se **deshaga** de él. Puede contagiarnos alguna enfermedad –ordenó Severo.
Pero Clara lo había adoptado.
–Es mío, papá. Si me lo quita, le juro que dejo de respirar y me muero.
Se quedó en la casa. [...] Era negro, de cabeza cuadrada, patas muy largas y pelo corto. [...]
El veterinario no supo decir cuál era su origen y Clara supuso que provenía de la China, porque gran parte del contenido del equipaje de su tío eran recuerdos de ese **lejano** país. [...]
Nívea observaba sus **pezuñas** de cocodrilo y sus dientes afilados y su corazón de madre se estremecía pensando que la bestia podía arrancarle la cabeza a un adulto de un **tarascón** y con mayor razón a cualquiera de sus niños.
Pero Barrabás no daba muestras de ninguna ferocidad, por el contrario. Tenía los retozos de un gatito. Dormía abrazado a Clara, dentro de su cama, [...] Nunca se lo vio ladrar ni gruñir. Era negro y silencioso como una pantera, le gustaban el jamón y las frutas confitadas. [...]

Isabel Allende, *La casa de los espíritus*, Ciudad de México: Editorial Planeta.

VOCABULARIO

deshaga (se): se livre.
hocico: focinho.
lejano: distante.
pezuñas: unhas.
sacó: tirou, puxou para fora.
tarascón: com uma mordida, de um só golpe.

ACTIVIDADES

1 Contesta de acuerdo con el texto.
(Responda às perguntas de acordo com o texto.)

a) ¿Qué animal te parece que es Barrabás? _____.

b) Barrabás era _____, de cabeza _____, patas _____ y pelo _____. Era silencioso como una _____, le gustaban el _____ y las _____.

c) ¿Qué le gustaba más comer a Barrabás?
_____

2 Haz un dibujo que describa el fragmento de *La casa de los espíritus*.
(Faça um desenho que descreva o fragmento de *A casa dos espíritos*.)

Después de haber leído *La casa de los espíritus*, **vamos a observar un fragmento.**
(Depois de ler *A casa dos espíritos*, vamos observar um trecho.)

"...le gustaban el jamón y las frutas confitadas."

Verbo gustar
(A mí) Me gusta el chocolate.
(A ti) Te gustan las frutas.
(A él, ella, Ud.) Le gusta jugar.
(A nosotros) Nos gusta la leche.
(A vosotros) Os gustan los perros.
(A ellos, ellas, Uds.) Les gusta la flor.

Este verbo no pide la preposición **de**.
- La forma negativa: No me **gusta** hacer la comida.
- Cuando lo gustado es persona: Me **gustas** (tú).

3 Completa las frases correctamente.
(Complete as frases corretamente.)

a) A mí _____ hacer la comida.
☐ me gusta   ☐ le gusta   ☐ nos gusta

b) A nosotros _____ mucho viajar en el autobús.
☐ les gusta   ☐ nos gusta   ☐ os gusta

c) A ella _____ demasiado estudiar el español.
☐ me gusta   ☐ les gusta   ☐ le gusta

LÍNGUA ESPANHOLA

4 Contesta a las preguntas.
(Responda às perguntas.)

a) –¿Dónde les gusta pasar las vacaciones a ustedes?

–A nosotros _____ en la playa.

b) –¿Qué les gusta comer a ellos?

–_____ los pasteles de chocolate.

c) –¿Qué te gusta tomar en el almuerzo?

–_____ tomar jugo de naranja.

d) –¿Qué le gusta a tu hermana?

–_____ ir al cine.

e) –¿Qué fruta no les gusta a Juanjo y a Marina?

–_____ las bananas.

5 Investiga los gustos de algunas personas.
(Pesquise os gostos de algumas pessoas.)

a) A mi madre le gusta…

_____

_____

b) A mi padre le gusta…

_____

_____

c) A mis amigos les gustan…

_____

_____

d) A mi hermano le gusta…

_____

_____

6 Contesta a las preguntas.
(Responda às perguntas.)

a) ¿A qué hora te gusta comer los domingos?
_____

b) ¿Qué te gusta hacer en las vacaciones?

☐ ir al cine ☐ jugar en el parque

☐ ir a la playa ☐ dormir

☐ _____

c) ¿Qué postres te gustan más?

☐ sandía ☐ tarta de fresas

☐ pastel de chocolate ☐ ananá

☐ _____

d) ¿Dónde os gusta a tu amigo y a ti ir a pasear?
_____

e) ¿Os gustan los pasteles de chocolate? _____.

f) ¿A tí te gusta cocinar? Si sí, ¿qué te gusta cocinar?
_____

LÍNGUA ESPANHOLA

Vamos a conocer algunos alimentos
(Vamos conhecer alguns alimentos.)

7 Vamos a nombrar las frutas. Usa las palabras del cuadro.
(Vamos nomear algumas frutas. Use as palavras do quadro.)

la banana	el higo	la naranja
la ciruela	el limón	la palta
el durazno	la manzana	el ananá
la frutilla	el melón	la sandía

Las legumbres y verduras

(Os legumes e verduras)

8 Marca (✓) las dos opciones que más te gusten entre las legumbres y verduras.
(Assinale dois legumes e verduras que você mais goste.)

el ajo	la cebolla	el perejil	el zapallo
la papa	la remolacha	la arveja	la zanahoria
el maíz	la berenjena	la lechuga	la espinaca
el brócolis	la coliflor	el berro	el puerro

Las carnes y los pescados
(Carnes e peixes)

9 Haz un círculo, entre las carnes y los pescados, en la opción que no te gusta.
(Circule, entre as carnes e os peixes, aquele(a) que você não gosta.)

el jamón

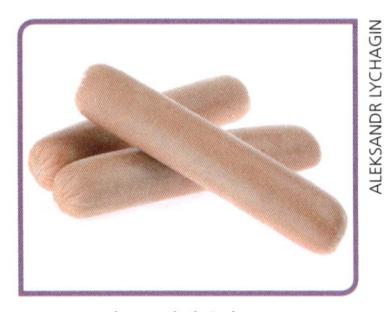

la salchicha

el chorizo

el pollo

la carne de ternera

la carne de cerdo

el atún

los mejillones

el salmón

el pulpo

el bacalao

la sardina

10 Escucha, fíjate en las pistas y encuentra las respuestas.
Busca fotos en revistas y pégalas debajo de las respuestas.
(Escute, preste atenção às dicas e encontre as respostas. Procure fotos em revistas e cole abaixo das respostas.)

maíz   leche   aceituna   azúcar

De verde me volví negra
y me molieron con tino,
hasta que al final del todo,
de mí hicieron oro fino.

Soy la _____.

¿Qué se corta sin tijeras
y aunque a veces sube y sube
nunca usa la escalera?

Soy la _____.

No soy ave
pero de mis huevos
se hacen palomitas
para los niños buenos.

Soy el _____.

Soy blanca como la nieve
y dulce como la miel;
yo alegro los pasteles
y la leche con café

Soy el _____.

11 Escucha la conversación y escribe los ítems de las compras de Maite en los lugares correspondientes.
(Escute o áudio e escreva os itens de compra de Maite nos lugares correspondentes.)

Frutas:

Verduras:

Legumbres:

12 Haz una lista para tu compra de supermercado.
(Faça a sua lista de compra para o supermercado.)

_____

_____

_____

13 ¡Vamos a jugar *Sudoku* de los alimentos! Ve a las páginas 105 y 107.
(¡Vamos jogar *Sudoku* dos alimentos! Vá para as páginas 105 e 107.)

REVISIÓN

En la Lección 5 has leído un fragmento de "Doce cuentos peregrinos", de Gabriel García Márquez. Has aprendido:
(Você aprendeu:)

- las partes del cuerpo humano: la cabeza; el pelo, la ceja, el ojo, la oreja, la nariz, la boca, la mejilla, el cuello, el tronco; el hombro, el pecho, la cintura, la barriga/la panza, la espalda; las extremidades; el brazo, el codo, la muñeca, la mano, el dedo, la pierna, el muslo, la rodilla, la pantorrilla, el tobillo, el talón, el pie;
- algunas expresiones populares relacionadas al cuerpo humano: "Morderse los codos de hambre.", "Dormir a pierna suelta." etc.

1 Completa las frases.
(Complete as frases.)

a) Vemos con _____.

b) Hablamos con _____.

c) Tocamos con _____.

d) Besamos con _____.

e) Olemos con _____.

f) Andamos con _____

y _____.

2 Busca el intruso.
(Procure o intruso.)

a) cansado – enfermo – cuello – distraído

b) brazo – blanco – rojo – amarillo

c) tomate – pelo – lechuga – zapallo

d) abogado – ingeniero – estómago – chofer

e) madrastra – ahijado – nuera – pulpo

f) bonita – baja – pesado – codo

g) hambre – sed – lechuga – frío

3 Busca en alguna revista la imagen de una persona, corta, pega y marca todas las partes del cuerpo que aprendiste en la lección 5.
(Procure em alguma revista a imagem de uma pessoa, recorte, cole e marque todas as partes do corpo que você aprendeu na lição 5.)

En la Lección 6 has leído un fragmento del libro "La casa de los espíritus", de Isabel Allende. Has aprendido:
(Você aprendeu:)

- el verbo gustar;
- los nombres de algunas frutas: el limón, la naranja, el durazno, el ananá, la palta, la sandía, la banana, la frutilla, la manzana;
- los nombres de algunas legumbres y verduras: el ajo, la cebolla, el perejil, el zapallo, la patata/papa, la remolacha, la arveja, la zanahoria, el maíz;
- los nombres de algunas carnes: el jamón, la salchicha, el chorizo, la morcilla, el pollo;
- los nombres de algunos pescados: los calamares, los mejillones, el salmón, el pulpo.

4 En parejas, elaboren un cuestionario para conocer los hábitos de un/a compañero/a. Mira los dos ejemplos de preguntas.
(Em pares, elaborem um questionário para conhecer os hábitos de um(a) colega. Veja os dois exemplos de perguntas.)

Pregunta: ¿Qué fruta no te gusta?

Respuesta: _____

_____ .

Pregunta: ¿Qué te gusta comer en el almuerzo?

Respuesta: _____

_____ .

Pregunta: _____ .

Respuesta: _____

_____ .

Pregunta: _____ .

Respuesta: _____

_____ .

LÍNGUA ESPANHOLA

5 Reescribe lo que aprendiste. Elige un alimento e investiga su nombre en portugués.
(Reescreva o que você aprendeu. Escolha um alimento e pesquise seu nome em português.)

a) frutas:

_____   _____

b) legumbres y verduras:

_____   _____

c) carnes:

_____   _____

d) pescados:

_____   _____

6 Forma un grupo de cuatro compañeros. Elijan los alimentos con los que harían un menú que agrade a todos los del grupo, para el almuerzo y la cena de mañana.
(Forme um grupo com quatro amigos. Escolham os alimentos com que fariam um menu que agrade a todos do grupo para o almoço e o jantar de amanhã.)

LECCIÓN 7

Al caballo regalado no se le miran los dientes

(Cavalo dado não se olha os dentes)

Escucha y lee.
(Escute e leia.)

Quien no te conozca que te compre

[…] El tío Cándido […] era generoso, caritativo y **afable** con todo el mundo, […] no tenía hijos, **aunque** estaba casado, y […] había tomado la costumbre de hacer a pie parte del camino, llevando el burro detrás **asido** del cabestro.

Ciertos estudiantes […] le vieron pasar […] a pie, cuando iba ya de vuelta para su **pueblo**. Iba el tío Cándido tan distraído que no reparó en los estudiantes. […]

El más travieso de los estudiantes imaginó entonces […] hurtarle el borrico […] y […] aprovechándose de la profunda distracción del tío Cándido, y desprendieron el cabestro […]. Uno de los estudiantes se llevó el burro, y el otro estudiante,[…] siguió al tío Cándido con el cabestro asido en la mano.

[…] Volvió el tío Cándido la cara y se quedó pasmado al ver que en lugar de llevar el burro llevaba del diestro a un estudiante. […]

–Por siempre bendito y alabado, – dijo el tío Cándido.

Y el estudiante prosiguió:

–Perdóneme usted, tío Cándido, el enorme perjuicio que sin querer le causo. Yo era un estudiante […] muy desaplicado. […] Enojadísimo mi padre me maldijo, diciéndome: eres un asno y debieras convertirte en asno. Dicho y hecho. […] Me puse en cuatro pies […] y sentí que me salía rabo y que se me alargaban las orejas. Cuatro años he vivido con forma condición asnales, hasta que mi padre, arrepentido de su dureza, ha intercedido con Dios por mí, y en este mismo momento, gracias sean dadas a su Divina Majestad, acabo de recobrar mi figura y condición de hombre.

Mucho […] se compadeció del estudiante, le perdonó el daño causado y le dijo que se fuese a […] presentarse a su padre y […] el estudiante, y se largó más que deprisa, […]

Contentísimo el tío Cándido […] volvió a su casa sin burro […] Pasó algún tiempo y […] el tío Cándido fue a la feria con el intento de comprar otro burro.

Se acercó a él un **gitano**, le dijo que tenía un burro que vender […]. Qué asombro no sería el del tío Cándido cuando reconoció en el burro que quería venderle el gitano al mismísimo que había sido suyo y que se había convertido en estudiante. Entonces dijo el tío Cándido para sí:

–Sin duda que este **desventurado**, en vez de aplicarse, ha vuelto a sus pasadas travesuras, [...] Luego, **acercándose** al burro y hablándole muy quedito a la oreja, pronunció [...].

–Quien no te conozca que te compre.

Juan Valera, *Cuentos y chascarrillos andaluces*. Sevilla: Faceditions.

VOCABULARIO

acercándose: aproximandose.
afable: afável, bondoso.
asido: preso, agarrado.
aunque: embora.
desventurado: infeliz.
gitano: cigano.
pueblo: povoado.

ACTIVIDADES

1 Contesta de acuerdo con el texto.
(Responda às perguntas de acordo com o texto.)

a) ¿Cómo era el tío Cándido?

El tío Cándido era _____, _____, _____ con todo el mundo, no tenia _____, aunque estaba _____.

b) ¿Quién le acompañaba en el camino? _____

c) ¿Qué le pasó cierto día?

Un cierto día unos estudiantes le hurtaron el _____ desprendiéndolo del _____.

d) ¿Cómo terminó la historia?

_____
_____

e) Busca los significados de las siguientes palabras.

Hurtarle _____

Enojadísimo _____

2 A partir de lo que has visto, haz un dibujo que describa el cuento.
(Com base no que você viu, faça um desenho que descreva o conto.)

Adjetivos posesivos y pronombres posesivos
(Adjetivos possesivos e pronomes possessivos)

En el cuento encontramos expresiones como las que aparecen abajo.

> "…de vuelta para **su** pueblo."
> "…el burro […] que había sido **suyo**…"

En estas expresiones encontramos los adjetivos posesivos que se usan antes o después del sustantivo y concuerdan en género y número con este.

Los pronombres posesivos sustituyen al sustantivo y concuerdan en género y número.

Adjetivos Posesivos

Antes del sustantivo	Después del sustantivo
mi, mis	mío/os, mía/as
tu, tus	tuyo/os, tuya/as
su, sus	suyo/os, suya/as
nuestro/os, nuestra/as	nuestro/os, nuestra/as
vuestro/os, vuestra/as	vuestro/os, vuestra/as
su, sus	suyo/os, suya/as

Antes del sustantivo
Mi hijo es muy hermoso.
Vuestras madres trabajan mucho.

Después del sustantivo
¿Dónde está el libro **tuyo**?
Esta casa **nuestra** es vieja.

Pronombres Posesivos

el mío, los míos, la mía, las mías
el tuyo, los tuyos, la tuya, las tuyas
el suyo, los suyos, la suya, las suyas
el nuestro, los nuestros, la nuestra, las nuestras
el vuestro, los vuestros, la vuestra, las vuestras
el suyo, los suyos, la suya, las suyas

Ejemplos:

Mi bolso está aquí, ¿y el **tuyo**?

No creo que el **nuestro** sea mejor.

3 Completa las frases utilizando adjetivos posesivos. Fíjate en el género y el número de los sustantivos.
(Complete as frases utilizando adjetivos possessivos. Preste atenção ao gênero e ao número dos substantivos.)

> **Modelo:**
> Nicolás tiene un cuarto muy grande.
> Su cuarto es muy grande.

a) Yo tengo un libro escrito en japonés y alemán.

_____ libro está escrito en japonés y alemán.

b) Tú tienes amigos muy interesantes.

_____ amigos son muy interesantes.

c) Usted tiene un coche rojo.

_____ coche es rojo.

d) Ellas tienen buenas notas.

_____ notas son buenas.

e) Nosotros tenemos una vida alegre.

_____ vida es alegre.

f) La cama en la cual vas a dormir es aquella.

_____ cama es aquella.

g) Él tiene libros muy antiguos

_____ libros son muy antiguos.

h) Ustedes tienen buenas experiencias.

_____ experiencias son buenas.

4 Transforma las frases utilizando los pronombres posesivos. Sigue el modelo.
(Transforme as frases utilizando os pronomes possessivos. Siga o modelo.)

> **Modelo:**
> Este es mi cuaderno.
> Este cuaderno es mío.

a) Aquellas son tus amigas.
___

b) Aquel es mi coche nuevo.
___

c) Esa bici es de Juan.
___

d) Estas son las llaves de las chicas.
___

e) Estos son vuestros libros de francés.
___

5 Mira el cuento "Quien no te conozca que te compre" y encuentra otros ejemplos de pronombres o adjetivos posesivos.
(Observe o conto "Quien no te conozca que te compre" e encontre outros exemplos de pronomes ou adjetivos possessivos.)

___
___
___
___
___
___

6 Completa las frases utilizando adjetivos posesivos. Sigue el modelo.
(Complete as frases utilizando adjetivos possessivos. Siga o modelo.)

> **Modelo:**
> **Sus** libros son muy raros. **(él)**

a) _____ perro es muy lindo. **(yo)**

b) _____ abuelos son viejos. **(vosotros)**

c) _____ coche es más rápido. **(nosotros)**

d) _____ reloj es caro. **(Usted)**

7 Elige, marca y escribe la forma correcta.
(Escolha, marque e escreva a forma correta.)

a) Me gustan _____ libros.

☐ vuestro ☐ vuestra ☐ vuestros ☐ vuestras

b) Conozco a un amigo _____.

☐ suyo ☐ suya ☐ suyos ☐ suyas

c) Cristina ha encontrado cuatro juguetes _____ en el coche.

☐ tuyo ☐ tuya ☐ tuyos ☐ tuyas

8 ¿Vamos a jugar al Bingo? Ve a las páginas 109 y 111.
(Vamos jogar Bingo? Vá para as páginas 109 e 111.)

Escribe la quiniela vencedora.
(Escreva a loteria vencedora.)

_____

_____

9 Encuentra los pronombres posesivos.
(Encontre os pronomes possessivos.)

N	U	E	S	T	R	A	O	L	M	P
D	O	E	R	U	O	A	B	É	F	M
K	P	Ç	Á	C	T	N	R	Q	S	A
B	Ú	X	Z	M	S	O	T	U	Y	O
Í	V	P	B	Y	D	W	B	Ñ	C	Z
O	U	P	V	U	M	Í	O	S	N	Q
P	E	L	J	H	G	F	Ó	U	S	C
X	S	U	Y	O	S	O	S	Y	Ú	J
P	T	B	N	V	D	S	R	A	B	N
O	R	Ñ	G	N	I	O	G	D	F	V
G	A	I	R	Q	Á	B	T	V	R	G

Ahora, escribe una frase con cada uno de los pronombres posesivos que encontraste.
(Agora escreva uma frase com cada um dos pronomes possessivos que você encontrou.)

_____

_____

_____

_____

_____

El cuento de Juan Valera termina con la frase "Quien no te conozca que te compre". Es un dicho de uso corriente con origen anónimo, de la sabiduría popular, y que muestra una conducta social. A esto se le llama refrán.

10 Busca en portugués, frases semejantes a las siguientes.
(Procure, em português, frases semelhantes às seguintes.)

> "Esa lechuga no es de su huerto."
> Es una frase de sentido figurado que se utiliza familiarmente para nombrar a la persona que roba las ideas o los inventos de otra.
>
> "Quien mal anda, mal acaba."
> Denota que el que vive desordenadamente tiene, generalmente, un fin desastroso.
>
> "Quien mucho abarca, poco aprieta."
> Quiere decir que quien emprende muchos negocios al mismo tiempo no desempeña bien ninguno.
>
> "A mal tiempo, buena cara."
> Aconseja que hay que recibir con tranquilidad y entereza las contrariedades y reveses de fortuna.

11 Escucha, relaciona las dos columnas y encuentra los refranes.
(Escute, relaciona as colunas e encontre o refrão.)

a) En boca cerrada   [ ] buen abrigo.

b) No es oro   [ ] no se le miran los dientes.

c) Zorro dormilón   [ ] es el gato cuando no araña.

d) A buen hambre   [ ] no caza gallinas.

e) A buen amigo   [ ] todo lo que reluce.

f) A caballo regalado   [ ] no entran moscas.

g) Buen amigo   [ ] no hay pan duro.

> Los refranes vienen de una historia, de una anécdota, de un cuento, de un personaje real o ficticio. Todos tienen su porqué, un motivo por el que se dicen.

12 Contesta.
(Responda.)

a) ¿Sueles usar refranes?
_____

b) ¿Conoces alguna historia donde haya sido usado algún refrán?
_____
_____

c) ¿Alguien en tu familia suele usar refranes?
_____
_____

LECCIÓN 8
¡Los molinos de viento!

VOCABULARIO

quítate:　　　　　　　　　ristre:

ACTIVIDADES

1.

2 A partir de lo que has visto, haz un dibujo que describa el fragmento de la novela.
(Com base no que você viu, faça um desenho que descreva o trecho do romance.)

3 Completa las frases.
(Complete as frases.)

a) …que aquellos _____

no son _____,

y lo _____

que, _____.

b) …Ellos son _____,

quítate de ahí, _____

en fiera y _____.

Las interjecciones
(As interjeições)

En un texto, podemos encontrar expresiones de alegría, fastidio, dolor, deseo ardiente, desprecio o cualquier sentimiento. Ellas son las interjecciones más comunes.

¡Ah!	¡bravo!	¡chist!	¡hurra!	¡uf!
¡ay!	¡caramba!	¡eh!	¡oh!	¡upa!
¡bah!	¡ca!	¡hola!	¡ojalá!	¡zas!

Ejemplos:

¡**Ah**, qué felicidad volver a nuestra casa!
¡**Uf**, qué moscas más fastidiosas!
¡**Ay**, cuánta miseria se ve en el mundo!

¡**Ojalá** no sea cierto lo que escuché!
¡**Bah**, no me importa!

> También se pueden usar como interjecciones otras palabras del idioma, tales como:
>
> **Sustantivos**: –¡**Caracoles**!, ¿qué has hecho?
> **Adjetivos**: –¡**Malvado**!, gritó el muchacho.
> **Verbos**: –¡**Vaya**!, no esperaba tal salida.
> **Adverbios**: –¡**Muy bien**!, eso se llama cumplir con su deber.

5

6 Escucha y completa las tiritas con las interjecciones.
(Escute e completa os quadrinhos com as interjeições.)

¡_____! ¡Cuidado!

¡_____! ¡Casi me caigo!

¡_____! ¡Tú no te caíste, pero mira la torta!

¡_____! ¿Qué vamos a hacer?

No hay otra opción: hacer otra torta. ¡Vamos!

7 Escucha y completa otras tiritas con las interjecciones.
(Escute e completa outros quadrinhos com as interjeições.)

¡_____!
La final de fútbol es cada vez más emocionante!

¡_____!
Él no podía perder ese gol ahora...

¡_____!
No dejes que se roben la pelota.

¡_____ que jugada!
¡Goooooool!

¡Goooooool!
¡Goooooool!

¡_____!
No hace falta que me despierten con esa pasión loca por el fútbol.

8

REVISIÓN

En la Lección 7 has leído un fragmento de "Quien no te conozca que te compre", de Juan Valera. Has aprendido:
(Você aprendeu:)

1

2

3 Completa el final de estos refranes y reescríbelos.
(Complete o final destes refrões e reescreva-os.)

> lechuga no es de su huerto
> mal tiempo, buena cara
> mucho abarca, poco aprieta
> mal anda, mal acaba
> no te conozca que te compre
> maestrillo tiene su librillo

Quien _____.

Al _____.

Quien _____.

Cada _____.

Esa _____.

Quien _____.

En la Lección 8 has leído un fragmento extraído de la primera parte de la obra más importante de la literatura española, "Don Quijote de la Mancha", de Miguel de Cervantes. Has aprendido:
(Você aprendeu:)

- las interjecciones: ¡ah!, ¡ay!, ¡bah!, ¡caracoles! etc.

4 Escribe aquí una lista con interjecciones que utilizas en tu vida cotidiana.
(Escreva aqui uma lista com as interjeições que você usa no seu dia a dia.)

5 Ahora haz un dibujo de una situación en la que se utilizan algunas interjecciones que ennumeraste y escribe un diálogo con ellas.
(Agora faça um desenho de uma situação onde você use algumas das interjeições que listou e escreva um diálogo com elas.)

GLOSARIO

A

B

C

D

E

F

G

H

M

N

O

P

J

L

Q

R

rabia – raiva
rama (la) – galho
rato (el) – momento
recién – recém
recuerdo (el) – lembrança
regalado – presenteado
rosal (el) – roseira
rueda (la) – roda

S

sangre (la) – sangue
sencillo – simples
sin – sem
sino – senão
sudar – suar
suelo (el) – chão

T

tino (el) – pontaria, tato
tijera (la) – tesoura

U

urdir – urdir, tramar

V

valle (el) – vale
vena (la) – veia
venta (la) – venda
vergüenza – vergonha
viento (el) – vento
vivienda (la) – moradia

Y

yerno – genro

Z

zambullir – mergulhar
zorro (el) – raposa